PECHVOGEL und UNGLÜCKSRABE

PECHVOGEL und UNGLÜCKSRABE

Regina Schwarz
Marion Goedelt

TULIPAN VERLAG

Toc

Toc

Der Pechvogel hat Pechgedanken,
die sich ums bloße Unglück ranken.
Schon früh am Morgen denkt er: Ach!
Wie schrecklich! Rundherum nur Krach!

Dann guckt er auf sein Federkissen:
komplett zerlöchert und zerrissen.
Und sein zerzaustes Spiegelbild!
Der Anblick macht ihn krank und wild!
Beim Frühstück hat er den Salat:
Das schmeckt nach Körnern, ziemlich fad.

Und draußen ist es grau in grau.
So sieht ein Pechtag aus — genau!
Wie ihn gibt es wohl sicher keinen.
Da muss er erst mal richtig weinen.

Dann trifft er auf den Unglücksraben —
mehr Pech kann ja wohl niemand haben.
Denn so ein Unglücksrabe, der
fühlt dieses Leben zentnerschwer.
Der ist auch ganz und gar daneben.
So sind die Unglücksraben eben.

Nach einem Kübel voller Klagen,
da stellen sich die beiden Fragen.
Zum Beispiel, wo das Unglück lauert
und wer von beiden besser trauert.
Warum das Pech so grässlich klebt,
wer wie, wo, wann und was erlebt:

FLATSCH!

R.A

Der eine fliegt vor jede Scheibe,
der andere findet keine Bleibe.
Der eine kann kein bisschen singen.
Dem anderen will kein Nest gelingen.

PENG!

Auch jeder von den zweien zittert,
wenn es mal kracht und laut gewittert.
Und beide sind nicht gern allein
und finden Katzen sehr gemein.

Geteiltes Leid ist halbes Leid.
Jetzt wissen sie genau Bescheid.
Sie reden und sie sitzen da.
Der eine ist dem andren nah.

Sie sitzen da und reden lange
und keinem ist mehr richtig bange.
Sie fühlen, dass sie was verbindet
und wie das Unglück langsam schwindet.

Auf einmal ist der Himmel blauer.

Sie spüren alles viel genauer

und eine neue Leichtigkeit

für Himmelblau

    und Raum

        und Zeit.